Bibliografische Information der Deutschen Nationalbibliothek:

Die Deutsche Bibliothek verzeichnet diese Publikation in der Deutschen National-
bibliografie; detaillierte bibliografische Daten sind im Internet über http://dnb.d-
nb.de/ abrufbar.

Impressum:

Copyright © 2018 GRIN Verlag
Druck und Bindung: Books on Demand GmbH, Norderstedt Germany
ISBN: 9783668885066

Dieses Buch bei GRIN:

https://www.grin.com/document/455797

Saskia Schmidt

Trainingslehre. Beweglichkeitstraining und Koordination

Koordinationstraining, Beweglichkeit, Trainingsplanung

GRIN Verlag

GRIN - Your knowledge has value

Der GRIN Verlag publiziert seit 1998 wissenschaftliche Arbeiten von Studenten, Hochschullehrern und anderen Akademikern als eBook und gedrucktes Buch. Die Verlagswebsite www.grin.com ist die ideale Plattform zur Veröffentlichung von Hausarbeiten, Abschlussarbeiten, wissenschaftlichen Aufsätzen, Dissertationen und Fachbüchern.

Besuchen Sie uns im Internet:

http://www.grin.com/

http://www.facebook.com/grincom

http://www.twitter.com/grin_com

Deutsche Hochschule für

Prävention und Gesundheitsmanagement

Hermann Neuberger Sportschule 3

66123 Saarbrücken

Einsendeaufgabe

Fachmodul: Trainingslehre III

Studiengang: Sportökonomie

Name, Vorname: Schmidt, Saskia Selina

Studienort: **Hamburg**

Semester: **WS15**

Inhaltsverzeichnis

1   Personendaten

Im Folgenden wird die Testperson dargestellt und genauer charakterisiert. Die Kundin ist seit 8 Jahren sportlich inaktiv und möchte nun an ihrer Beweglichkeit und ihrem Gleichgewichtssinn arbeiten.

Tab. 1: Allgemeine Personendaten

Geschlecht	Weiblich
Alter	26 Jahre
Körpergröße	166 cm
Körpergewicht	56 kg
Berufliche Tätigkeit	Büroarbeit (sitzende Tätigkeit)
Trainingsmotive	Beweglichkeit und Gleichgewichtssinn im ganzen Körper aufbauen und steigern
Aktuelle und frühere sportliche Aktivitäten	Reiterin von 6-18 Jahren, aktuell keine sportlichen Aktivitäten
Zeitlicher Verfügungsrahmen	3-4 mal die Woche je 30-60 min
Ärztliche Behandlungen	-
Einnahme von Medikamenten	Anti-Babypille seit 10 Jahren
Gesundheitliche Einschränkungen	-
Orthopädische und internistische Probleme	-

Anhand der dargestellten Personendaten wird deutlich, dass die Kundin keinerlei Einschränkungen aufweist, die ein Training negativ beeinflussen könnten.

2 Beweglichkeitstestung

Um die Beweglichkeit der Kundin einschätzen zu können, wird zunächst eine Beweglichkeitstestung durchgeführt. Hierfür wird das Testverfahren nach Janda (2000) angewendet.

Tab. 2: Beweglichkeitstestung mit Beschreibung nach Janda (2000)

Getestete Muskulatur	Beschreibung
Hüftbeugemuskulatur (M. iliopsoas)	Die Kundin legt sich mit dem Rücken auf eine Liege, ihr Gesäß befindet sich am Ende der Liege, sodass die Beine frei hängen. Nun wird ein angewinkeltes Bein maximal an den Körper gezogen, während das andere Bein im Überhang bleibt. Hierbei wird die Hüftflexion des freien Beines beobachtet (Messbereich: Position des Oberschenkels im Verhältnis zur Körperlangslänge) Wichtig: Eine Hyperlordose in der LWS oder das Abheben des Beckens verfälscht das Ergebnis. Zur Vermeidung dieses Problems wird eine Hand unter die LWS der Kundin gelegt und diese muss Druck auf die Hand ausüben. (Janda, 2000, S.258)
Brustmuskulatur (M.pectoralis major)	Die Kundin liegt mit dem Rücken auf einer Liege, die Beine sind angewinkelt und die Füße halten Kontakt zu der Liege. Nun wird ein Arm im Schultergelenk abduziert und rotiert nach außen, ebenso im Ellbogengelenk im 90-Grad-Winkel. Der Thorax wird durch leichten Druck fixiert. (Messbereich: Position des Oberarms zur Horizontalen) Wichtig: Das Abheben des Beckens verfälscht das Ergebnis. Durch Anspannen der Bauchmuskulatur kann dieses Problem minimiert werden. (Janda, 2000, S.270)
Kniestreckmuskulatur (M.rectus femoris)	Die Kundin liegt wieder in Rückenlage auf der Liege und das Gesäß schließt mit dem Rand der Liege ab. Die Beine hängen frei. Nun zieht die Kundin ein Bein maximal an den Körper heran, während das andere Bein fixiert wird. Das fixierte Bein wird durch den Tester in einen maximal möglichen Kniebeugewinkel gebracht. (Messbereich: Winkel zwischen Ober- und Unterschenkel). Wichtig: Becken und LWS dürfen nicht von der Liege abheben, da dies das Ergebnis verfälscht. Durch das angezogene Bein wird der Körper stabilisiert und das Becken bleibt fest. (Janda, 2000, S.258)
Kniebeugemuskulatur (Mm. ischiocrurales)	Die Kundin ist in Rückenlage auf der Liege und das nicht getestete Bein ist angewinkelt und der Fuß hält Kontakt zur Liege. Nun wird das andere nach oben gestreckte Bein in die maximal mögliche Hüftflexion gebracht. (Messbereich: Winkel zwischen Beinachse und Longitudinalachse) Wichtig: Becken und LWS müssen fest auf der Liege fixiert bleiben. Außerdem muss das zu testende Bein zwingend gestreckt bleiben. (Janda, 2000, S.261)

Wadenmuskulatur (Mm. Triceps surae)	Auch hier liegt die Kundin in Rückenlage auf einer Liege. Das nicht zu testende Bein ist angewinkelt abgestellt. Das zu testende Bein ist gestreckt. Nun zieht der Tester leicht an der Ferse und drückt mit der anderen Hand den Fuß in Richtung des Schienbeins. Wichtig: Sowohl der Zug als auch der Druck am Fuß sind entscheidend für ein aussagekräftiges Ergebnis. (Janda, 2000, S.255)

Die folgende Tabelle zeigt die Normwerte der Testung auf und vergleicht diese mit den Ergebnissen der Kundin.

Tab. 3: Vergleich der Testergebnisse mit den Normwerten

Muskulatur	Normwerte	Ergebnisse der Kundin
Hüftbeuger (M. iliopsoas)	Stufe 0= keine Defizite, Oberschenkel erreicht die Horizontale Stufe 1= leichte Defizite, Oberschenkel erreicht die Horizontale durch Druck des Testers Stufe 2= deutliche Defizite, Oberschenkel erreicht die Horizontale auch durch Druck des Testers nicht (Janda, 2000, S.259)	Rechtes Bein= Stufe 1 Linkes Bein= Stufe 1
Brustmuskulatur (M.pectoralis major)	Stufe 0= keine Defizite, Oberarm erreicht die Horizontale Stufe 1= leichte Defizite, Oberarm erreicht die Horizontale durch Druck des Testers Stufe 2= deutliche Defizite, Oberarm erreicht die Horizontale auch durch den Druck des Testers nicht (Janda, 2000, S.271)	Rechts= Stufe 1 Links= Stufe 1
Kniestreckmuskulatur (M.rectus femoris)	Stufe 0= keine Defizite, Unterschenkel hängt senkrecht herab Stufe 1= leichte Defizite, Unterschenkel ist leicht nach vorne gestreckt, durch Druck des Testers wird ein 90-Grad-Kniebeugewinkel erreicht Stufe 2= deutliche Defizite, Unterschenkel ist deutlich nach vorne gestreckt, auch mit Druck des Testers wird kein 90-Grad-Winkel erreicht (Janda,2000,S.259)	Rechts= Stufe 2 Links= Stufe 2

Kniebeugemuskulatur (Mm. ischiocrurales)	Stufe 0= keine Defizite, Flexion im Hüftgelenk ist deutlich möglich	
	Stufe 1= leichte Defizite, Flexion im Hüftgelenk ist bis zwischen 80-90 Grad möglich	Rechts= Stufe 2 Links= Stufe 2
	Stufe 2= deutliche Defizite, die Flexion im Hüftgelenk ist nur unter 80 Grad möglich	
	(Janda,2000,S.262)	
Wadenmuskulatur (Mm. Triceps surae)	Stufe 0= keine Defizite, eine Dorsalextension ist mindestens bis zur 0-Grad-Stellung möglich	
	Stufe 1= leichte Defizite, die 0-Grad-Stellung wird zwar nicht erreicht, aber eine Dorsalextension ist möglich	Rechts= Stufe 1 Links= Stufe 1
	Stufe 2= deutliche Defizite, eine Dorsalextension ist nur bis 10 Grad unterhalb der 0-Grad-Stellung möglich	
	(Janda,2000,S.255)	

Anhand der Testergebnisse wird deutlich, dass die Kundin in allen Übungen Defizite hat, welche auf ihren bewegungsarmen Alltag zurückzuführen sind. Außerdem betätigt die Kundin sich auch in ihrer Freizeit schon länger nicht mehr sportlich, was sich sehr negativ auf die Beweglichkeit auswirkt.

3 Trainingsplanung Beweglichkeitstraining

Im Folgenden wird ein Trainingsplan mit zehn Übungen für das Beweglichkeitstraining der Kundin detailliert vorgestellt. Die Kundin möchte insgesamt ihre Beweglichkeit im ganzen Körper aufbauen und verbessern.

Übung 1: Rückenstrecker (M. erector spinae lumbalis)

Die Kundin liegt auf dem Bauch und streckt die Arme nach vorne und die Beine nach hinten. Jeweils zwei Sekunden lang werden nun Arme und Beine gleichzeitig angehoben, sodass lediglich nur noch das Becken auf der Matte aufliegt. Nach zwei Sekunden wird gelockert und 2 Sekunden pausiert. Die Zielmuskulatur ist hierbei der musculus

erector spinae, der musculus biceps femoris und der musculus gluteus maximus. Bei
dieser Übung findet eine Extension im Kniegelenk und eine Anteversion im Schultergelenk statt. Diese Übung soll in 2 Sätzen mit jeweils 12 Wiederholungen ausgeführt werden. Es handelt sich um eine *dynamische Arbeitsweise* und eine *passive Dehnform*.

Übung 2: Wadenmuskulatur (M. soleus / M. gastrocnemius)

Die Kundin stellt sich etwas weiter als hüftbreit auf und lässt die Beine gestreckt. Nun
wird eine Dorsalflexion in der Wirbelsäule vorgenommen, indem sie sich nach vorne
beugt und versucht mit der rechten Hand die rechten Zehenspitzen zu berühren. Beansprucht wird hierbei der musculus biceps femoris und der musculus erector spinae. Diese Übung wird 30 Sekunden gehalten und danach folgt ein Seitenwechsel. Hierbei handelt es sich um eine *statische Arbeitsweise* und eine *passive Dehnform*.

Übung 3: Beinbeuger (M.ischiocrurales)

Für diese Übung benötigt die Probandin einen Trainingspartner. Sie liegt in Rückenlage
auf einer Matte und platziert die Arme parallel neben ihrem Körper. Ein Bein ist ange-
winkelt auf der Matte und das andere wird auf der Schulter des Trainingspartners positioniert. Es entsteht eine Extension im Kniegelenk und eine Flexion im Hüftgelenk. Nun
wird postisometrischer Druck ausgeübt (Dehnen und Entspannen im Wechsel). Es wird
für 10 Sekunden Druck ausgeübt und danach 5 Sekunden entspannt. Nach der Entspan-
nung wird bis zur Dehnschwelle weiter gedehnt und für 15 Sekunden gehalten. Darauf
folgt wieder eine Entspannungsphase von 10 Sekunden. Dies wird pro Bein jeweils
dreimal wiederholt. Die beanspruchten Muskeln sind in diesem Fall musculus biceps femoris, musculus semimembranosus, musculus semitendinosus und unterstützend der
musculus gastrocnemius. Hierbei handelt es sich um eine *postisometrische Dehnform*.

Übung 4: Schultermuskulatur (M. deltoideus)

Die Kundin setzt sich aufrecht auf einer Hantelbank und hält einen Arm waagerecht vor
die Brust. Nun wird mit der Hand des anderen Armes nach dem Ellbogen gegriffen. Der
Ellbogen wird zur Brust gedrückt und dies wird 30 Sekunden gehalten. Die gleiche
Übung wird dann am anderen Arm ausgeführt. Die Schultermuskulatur wird in 2 Sätzen
mit jeweils 10 Wiederholungen pro Seite ausgeführt. Bei der Dehnung der Schultermuskulatur findet hierbei eine Anteversion im Schultergelenk und eine Extension im Ellbo-

gengelenk statt. Die beanspruchten Muskeln sind der musculus deltoideus, der musculus teres minor und der musculus trapezius. Es handelt sich um eine *passive Dehnform* und eine *statische Arbeitsweise*.

Übung 5: Nackenmuskulatur (M.trapezius pars descendens)

Die Probandin steht aufrecht und bewegt den Kopf nach links bis eine Spannung im rechten Nackenbereich zu spüren ist. Um die Spannung zu erhöhen, wird nun das rechte Handgelenk vom Körper seitlich weg gestreckt. Diese Position wird 30 Sekunden gehalten bevor es zu einem Seitenwechsel kommt. Die Übung wird in 2 Sätzen mit jeweils fünf Wiederholungen pro Seite ausgeführt. Dabei wird eine Lateralflexion der Halswirbel ausgeführt und musculus trapezius, sowie der musculus obliquus capitis superior beansprucht. Hier handelt es sich um eine *passive Dehnform* und eine *statische Arbeitsweise*.

Übung 6: Brustmuskulatur (M. pectoralis major)

Die Kundin steht aufrecht und streckt die Arme bis auf Schulterhöhe nach vorne aus.- Nun werden die Arme 30 Sekunden lang mit Schwung nach hinten bewegt. Nach 15 Sekunden Pause folgt der zweite Satze und die Übung ist damit beendet. Dabei findet im Schultergelenk eine Anteversion, sowie eine Retroversion statt. Die beanspruchten Muskeln sind dann der musculus trapezius und der musculus pectoralis major.

Dies ist eine *aktive Dehnform* und eine *dynamische Arbeitsweise*.

Übung 7: Hüftbeuger (M. iliopsoas)

Die Kundin liegt auf dem Rücken und ein Bein wird fest an die Brust gezogen. Hierbei ist stets darauf zu achten, dass kein Hohlkreuz entsteht. Das andere Bein bleibt flach auf dem Boden liegen. Pro Seite wird diese Übung jeweils 10mal 30 Sekunden gehalten. Danach folgt der zweite und damit letzte Satz. Während dieser Dehnübung wird eine Flexion im Kniegelenk und eine Flexion im Hüftgelenk statt, wobei der musculus iliacus und der musculus psoas major benötigt werden. Hier handelt es sich um eine *passive Dehnform* und eine *statische Arbeitsform*.

Übung 8: Breiter Rückenmuskel (M. latissimus dorsi)

Die Probandin steht hüftbreit und positioniert die Arme auf dem Kopf, indem die Finger ineinander greifen. Der Oberkörper wird nun maximal nach links gedehnt und für 30 Sekunden gehalten. Danach wird kurz pausiert und der Oberkörper neigt sich zur anderen Seite. Auch bei dieser Übung werden 2 Sätze mit je 10 Wiederholungen pro Seite ausgeführt. Durch die Lateralflexion der Wirbelsäulengelenke werden der musculus obliquus externus abdominis, der musculus obliquus internus abdominis, der musculus rectus abdominis, der musculus quadratus lumborum, sowie der laterale Trakt der Wirbelsäule beansprucht. Hierbei handelt es sich um eine *passive Dehnform* und eine *statische Arbeitsweise.*

Übung 9: Gesäßmuskel (M. gluteus maximus)

Die Kundin liegt mit dem Rücken auf einer Matte und schlägt die Beine so übereinander, dass ein Fuß auf dem Oberschenkel des anderen Beines liegt. Nun wird der Oberschenkel maximal zum Oberkörper. Diese Position wird 30 Sekunden gehalten. Danach kommt es zu einem Seitenwechsel. Diese Übung wird in 2 Sätzen mit jeweils 5 Wiederholungen pro Seite wiederholt. Dehnt man die Gesäßmuskulatur auf diese Weise, findet eine Flexion im Hüftgelenk statt und der musculus gluteus maximus wird beansprucht. Hier handelt es sich ebenfalls um eine *passive Dehnform* und eine *statische Arbeitsweise.*

Übung 10: Beinstrecker (M. quadrizeps femoris)

Die Probandin steht auf einem Bein und zieht das andere Bein zum Gesäß hoch. Das Sprunggelenk wird mit der Hand umfasst. Wichtig ist hierbei, dass der Körper aufrecht bleibt und das Becken nach vorne geschoben wird. Auch hier wird jede Seite 10 mal á 30 Sekunden gehalten und das ganze in zwei Sätzen ausgeführt. Durch das angehobene Bein findet eine Flexion im Kniegelenk statt und während der Dehnung arbeitet der musculus quadrizeps femoris.

Auch dies ist eine *passive Dehnform* und eine *statische Arbeitsweise.*

Die Kundin hat sich eine allgemeine Verbesserung ihrer Beweglichkeit gewünscht. Daher wurden möglichst viele verschiedene Übungen gewählt, um möglichst viele Muskelgruppen zu erreichen. Im Folgenden wird das Belastungsgefüge der Einheiten dargestellt.

Tab. 4: Belastungsgefüge Beweglichkeitstraining

Übung	Methode	Häufigkeit pro Woche	Sätze	Intensität	Dehndauer im Satz (in Sekunden)	Wdh. im Satz
Rückenstrecker	Passiv-dynamisch	2x	2	Hoch	-	12
Wadenmuskulatur	Passiv-statisch	2x	2	Mittel	30	-
Beinbeuger	Postisometrisch	2x	2	Hoch	25	-
Schultermuskulatur	Passiv-statisch	2x	2	Niedrig	30	10
Nackenmuskulatur	Passiv-statisch	2x	2	Niedrig	30	5
Brustmuskulatur	Aktiv-dynamisch	2x	2	Niedrig	30	-
Hüftbeuger	Passiv-statisch	2x	2	Mittel	30	10
Breiter Rückenmuskel	Passiv-statisch	2x	2	Niedrig	30	10
Gesäßmuskel	Passiv-statisch	2x	2	Mittel	30	5
Beinstrecker	Passiv-statisch	2x	2	Mittel	30	10

4   Trainingsplanung Koordinationstraining

Im Folgenden wird der Trainingsplan für den Bereich des Koordinationstrainings der Kundin dargestellt. Im vorher ausgeführten Koordinationstest haben sich starke Gleichgewichtsstörungen herausgestellt. Die Kundin ist schon seit einem längeren Zeitraum sportlich inaktiv. Der Einbeinstand kann von ihr nur wenige Sekunden gehalten werden und selbst der kurze Zeitraum ist sehr wackelig und birgt große Unsicherheiten. Aufgrund dessen wird ein Gleichgewichtstraining geplant, mit dem übergeordneten Ziel, den sicheren Einbeinstand halten zu können.

Übung 1: Schlussstand

Die Kundin steht mit enger Fußstellung auf dem Boden und streckt die Arme gerade aus weg, die Handflächen zeigen dabei nach oben. Wichtig ist hierbei der sichere Stand ohne Unsicherheiten. Die Position wird in zwei Sätzen jeweils 20 Sekunden gehalten.

Übung 2: Linienstand

Bei dieser Übung stellt die Kundin ihre Füße auf einer Linie hintereinander ab und streckt die Arme wie zuvor nach vorne (Handflächen nach oben). Die Fußstellung darf nicht verändert werden. Diese Übung wird auf jeder Seite (rechtes und linkes Bein) in zwei Sätzen jeweils 20 Sekunden gehalten.

Übung 3: Einbeinstand

Die Kundin steht in hüftbreitem Stand und lässt die Arme locker herunterhängen. Sobald sie sich sicher fühlt, hebt sie ein Bein (Spielbein) vom Boden ab und streckt es leicht nach hinten. Hierbei ist es wichtig, dass sie das Gleichgewicht halten kann und ohne zu wackeln, sicher stehen bleibt. Diese Übung wird pro Seite in zwei Sätzen jeweils 20 Sekunden gehalten. Von der ersten bis zur dritten Übung findet eine Progression des Schwierigkeitsgrades durch sinnvolle Veränderung der Körperstellung statt.

Übung 4: Einbeinstand mit Partner (leicht)

Nachdem die Kundin die ersten drei Übungen ohne Störfaktoren ausgeführt hat, kommt bei der nächsten Übung der Trainer als leichter Störfaktor hinzu.

Wie bei der Übung zuvor, steht die Kundin einbeinig auf dem Boden. Nun stellt der Trainer sich frontal vor sie und setzt manuell leichte Störfaktoren ein, indem er die Kundin leicht und gezielt antippt. Die Kundin muss diesen Störfaktor dann durch ihre Gleichgewichtsfähigkeit ausgleichen und auf die wechselnden Bedingungen dementsprechend reagieren (Chwillkowski, 2006, S.10). Diese Übung wird pro Seite in zwei Sätzen mit jeweils 20 Sekunden ausgeführt.

Übung 5: Einbeinstand mit Partner (schwierig)

Diese Übung wird genauso ausgeführt, wie die vorige. Allerdings steht der Trainer diesmal hinter der Kundin, sodass diese nicht sieht, wann die Störfaktoren auf sie einwirken. Es findet also eine Steigerung des Schwierigkeitsgrades statt, weil hierbei nicht nur die Gleichgewichtsfähigkeit, sondern auch die Reaktionsfähigkeit angepasst werden müssen (Chwillkowski, 2006, S.11). Die Satzanzahl und Belastungsdauer ist identisch wie bei Übung vier.

Übung 6: Einbeinstand mit Ball fangen

Die Kundin steht wie bereits bekannt einbeinig auf dem Boden. Nun wirft der Trainer ihr gezielt einen Ball zu, den sie auffangen und zurückwerfen soll, ohne das Gleichgewicht zu verlieren. Die Progression des Schwierigkeitsgrades findet in dem Fall durch das Hinzukommen der Kombinationsfähigkeit statt, weil die Probandin sich auf das Fangen und Werfen des Balles, sowie auf das Halten des Gleichgewichts konzentrieren muss. Übung sechs wird pro Seite in zwei Sätzen mit jeweils 20 Sekunden Belastungsdauer durchgeführt.

Übung 7: Einbeinstand mit Ballkreisen um die Hüfte

Die Kundin steht wieder einbeinig auf einem stabilen Untergrund und hat als Hilfsmittel wie bei der Übung zuvor einen Ball. Diesmal hat sie die Aufgabe, den Ball um ihre eigene Hüfte zu kreisen, indem sie ihn kontrolliert um ihre eigene Achse reicht. Diese Übung stellt einen erhöhten Schwierigkeitsgrad dar, weil hierbei die Kombinationsfähigkeit zwischen Gleichgewichtsfähigkeit und Anpassungsfähigkeit nötig ist. Die Probandin muss das Gleichgewicht halten, während sie einer anderen Aufgabe bevorsteht. Nämlich den Ball, ohne ihn zu verlieren um ihren Körper zu kreisen. Hierbei ist es im Vergleich zur vorherigen Übung wesentlich anspruchsvoller, weil sie ihre Arme ständig bewegen muss, um den Ball weiter zu reichen. Die Arme sind ein wichtiger Bestandteil, um kontrolliert das Gleichgewicht halten zu können. Die Kundin muss also auf veränderte Bedingungen reagieren und sich dementsprechend anpassen (Chwillkowski, 2006, S.10).

Diese Übung soll pro Seite jeweils in zwei Sätzen á 20 Sekunden ausgeführt werden.

Übung 8: Einbeinstand auf instabiler Unterlage (Schaumstoffmatte)

Die Kundin steht in diesem Fall einbeinig auf einem instabilen Untergrund (Schaumstoffmatte). Es verändert sich also auch hier wieder die Umgebung und sie muss sich dementsprechend anpassen und auf die Veränderung reagieren. Hierbei findet eine Progression des Schwierigkeitsgrades durch Veränderung der Umwelt statt. In den ersten Übungen findet alles auf einer stabilen Unterlage statt und die Kundin hat ihre koordinativen Fähigkeiten dementsprechend angepasst. Nun entsteht ein neuer Reiz durch die provozierte Instabilität und die Rezeptoren werden stärker stimuliert (Häfelinger & Schuba, 2007). Die Belastungsdauer und Satzzahl ist identisch wie bei Übung sieben.

Übung 9: Einbeinstand auf instabiler Unterlage mit Ball fangen

Bei dieser Übung steht die Kundin wieder einbeinig auf der Schaumstoffmatte. Nun wirft der Trainer ihr kontrolliert einen Ball zu, den sie fangen und im Gegenzug zurückwerfen soll. Hier findet eine Steigerung des Schwierigkeitsgrades durch die erst neu hinzugekommene Veränderung des Untergrundes und das gleichzeitige Fangen und Werfen des Balles statt. Die Kundin muss nun ihre Gleichgewichtsfähigkeit mit der Anpassungsfähigkeit und der Reaktionsfähigkeit kombinieren. Sie reagiert also auf die Veränderung der Umwelt durch den instabilen Boden und den externen Faktor (Trainer), der ein Hilfsmittel (Ball) in die Übung mit einbaut. Der Ball soll der Kundin pro Seite jeweils 20 Sekunden lang in zwei Sätzen zugeworfen werden.

Übung 10: Einbeinstand auf instabiler Unterlage (BOSU-Ball) mit Ball fangen

Die letzte Übung ist die anspruchsvollste, da zum Schluss noch einmal eine Progression des Schwierigkeitsgrades durch die Veränderung des Untergrundes stattfindet. Die Kundin hat die gleiche Aufgabe wie bei der vorangegangenen Übung, aber die Unterlage ist noch instabiler geworden. Sie soll nun einbeinig auf einem BOSU-Ball (flache Seite zum Boden) stehen und einen Ball fangen und werfen. Diese Übung ist noch einmal eine größere Herausforderung für ihr Gleichgewicht, weil die Rezeptoren sich auf die unbekannte Unterlage erst wieder einstellen müssen.

Auch die letzte Übung wird in zwei Sätzen mit jeweils 20 Sekunden (auf beiden Seiten) ausgeführt.

Zusammenfassend bleibt zu sagen, dass die Kundin sehr lange Zeit sportlich inaktiv war und die Progression daher langsam und kontrolliert geführt wird. Ihre Gleichgewichtsfähigkeit soll langsam trainiert und verbessert werden. Das Training beginnt mit statischen Übungen auf stabiler Unterlage und steigert sich zu dynamischen Übungen auf instabilen Unterlagen. Wichtig ist hierbei, dass der Schwierigkeitsgrad sich an dem Trainingszustand der Kunden orientiert und mit leichten Aufgaben begonnen wird, die langsam anspruchsvoller werden, um Misserfolge zu vermeiden und das Interesse an Sport und Bewegung durch Erfolgserlebnisse zu steigern (Chwillkowski, 2006, S.56).

Bei der Probandin handelt es sich um eine sportliche Anfängerin, die nicht zwingend in den ersten Trainingswochen alle Übungen direkt ausführen muss und sollte. Der Trainer hat hierbei die Aufgabe, herauszufinden, welche Übungen problemlos und fehlerfrei ausführbar sind und zunächst mit diesen beginnen. Sobald die einfachen Übungen fehlerfrei absolviert werden, kann zur nächsten übergegangen werden. Der Grund hierbei liegt darin, dass Verletzungen durch mögliche Überforderungen und Überanstrengungen vermieden werden.

Nachfolgend wird das Belastungsgefüge unter Berücksichtigung der Satzpausen, Satzdauern und Trainingshäufigkeiten pro Woche für das geplante Koordinationstraining dargestellt.

Tab. 5: Belastungsgefüge Koordinationstraining

Koordinationsübung	Häufigkeit pro Woche	Sätze	Satzpausen
Nr. 1	2-3x	2 Sätze á 20 Sekunden (pro Seite)	10 Sekunden
Nr. 2	2-3x	2 Sätze á 20 Sekunden (pro Seite)	10 Sekunden
Nr. 3	2-3x	2 Sätze á 20 Sekunden (pro Seite)	10 Sekunden
Nr. 4	2-3x	2 Sätze á 20 Sekunden (pro Seite)	10 Sekunden
Nr. 5	2-3x	2 Sätze á 20 Sekunden (pro Seite)	10 Sekunden
Nr. 6	2-3x	2 Sätze á 20 Sekunden (pro Seite)	15 Sekunden
Nr. 7	2-3x	2 Sätze á 20 Sekunden (pro Seite)	15 Sekunden
Nr. 8	2-3x	2 Sätze á 20 Sekunden (pro Seite)	20 Sekunden
Nr. 9	2-3x	2 Sätze á 20 Sekunden (pro Seite)	20 Sekunden
Nr. 10	2-3x	2 Sätze á 20 Sekunden (pro Seite)	20 Sekunden

Ergänzend zu der tabellarischen Darstellung ist noch hinzuzufügen, dass die Satzpausen mit der Herausforderung der Übungen steigen, weil die Kundin sehr untrainiert ist und ab einem gewissen Schwierigkeitsgrad mehr Erholung braucht. Damit sollen Verletzungen und unkoordinierte Bewegungen vermieden werden. Optimal wäre es, wenn die Kundin 2-3 x die Woche das Koordinationstraining durchführt, um ihr Ziel, einbeinig ohne Probleme stehen zu können, zeitnah erreicht.

5 Literaturrecherche

In der folgenden Tabelle werden zwei Studien vorgestellt, die sich mit den Effekten des Dehnens im Hinblick auf eine Verletzungsprophylaxe beschäftigen.

Tab. 6: Literaturrecherche: Effekte des Dehnens im Hinblick auf eine Verletzungsprophylaxe (1. Studie: Hartig, DE. , Henderson, JM. (1999). *Increasing Hamstring Flexibility Decreases Lower Extremity Overuse Injuries In Military Basic Training* , 2. Studie: Pope, RP. , Herbert, RD., Kirwan, JD., Graham, BJ. (2000). *A randomized trial of preexercise stretching for prevention of lower-limb injury*)

	Studie 1	Studie 2
Wer hat die Studien durchgeführt?	John M. Henderson, Donald E. Hartig	Rodney Peter Rope, Robert Dale Herbert, Bruce James Graham, John Dennis Kirwan
In welchem Jahr wurden die Studien durchgeführt?	1999	2000
Mit welchen Versuchspersonen wurden die Studien durchgeführt?	- Insgesamt 298 Männer (148 Personen in der Kontrollgruppe, 150 Personen in der Interventionsgruppe) - durchschnittliches Alter: 20 Jahre	- 1538 Personen (männlich) - im Alter von 17-35 Jahren
Wie sah der Versuchsaufbau der Studien aus?	Gruppenaufteilung: → 148 Männer in der Kontrollgruppe → 150 Männer in der Interventionsgruppe - die Kniebeugemuskulatur wurde zu Beginn der Studie getestet - die Kontrollgruppe hat sich so gedehnt wie bisher - die Interventionsgruppe hat zusätzlich 3 mal am Tag ein Dehnprogramm durchgeführt	Aufteilung in zwei Gruppen (zufällig ausgewählt): → 803 Männer in der Kontrollgruppe → 735 Männer in der Dehngruppe - beide Gruppen wurden vor der Studie untersucht - für beide Gruppen gab es ein Training (4 Minuten lang) - die Dehngruppe musste außerdem noch ein Dehnprogramm (statisch) durchführen.
Welche relevanten Ergebnisse und Schlussfolgerungen lieferten die Studien?	- 10 Personen aus der Kontrollgruppe und 18 Personen aus der Interventionsgruppe haben den Test vorzeitig aus unterschiedlichen Gründen beendet → somit haben 270 Männer die Studie erfolgreich absolviert - 25 Verletzungen in der Interventionsgruppe - 43 Verletzungen in der Kontroll-	- insgesamt gab es 333 Verletzungen (175 aus der Kontrollgruppe, 158 aus der Dehngruppe) - aus dieser Studie ergab sich demnach also, dass ein statisches Dehnprogramm für diese Testgruppe keine signifikanten Resultate im Hinblick auf die Verletzungsprophylaxe liefert.

gruppe → es haben sich in der Interventionsgruppe wesentlich weniger Personen verletzt als in der Kontrollgruppe. Diese Studie zeigt also, dass sich durch das ausgewählte Dehnprogramm weniger Männer aus der Testgruppe verletzt haben und sich das Dehnen in diesem Fall positiv auf die Verletzungsprophylaxe ausgewirkt hat.	

6 Literaturverzeichnis

Janda, V. (2000). *Manuelle Muskelfunktionsdiagnostik* (4.Aufl.). München: Urban und Fischer.

Hartig, DE. , Henderson, JM. (1999). *Increasing Hamstring Flexibility Decreases Lower Extremity Overuse Injuries In Military Basic Training*. American Journal of Sports Medicine, Vol. 27, No.2.
Online Zugriff am 18.11.2017:
https://www.colorado.edu/intphys/Class/IPHY3700_Greene/TIPS/stretching/hartig.pdf

Pope, RP. , Herbert, RD., Kirwan, JD., Graham, BJ. (2000). *A randomized trial of pre-exercise stretching for prevention of lower-limb injury*. Medicine & Science in Sports & Exercise. S. 271-277.
Online Zugriff am 18.11.2017:
http://www.kinex.cl/papers/TFA/A%20randomized%20trial%20of%20preexercise %20stretching%20for%20prevention%20of%20lower%20limb%20injury%20%20.pdf

Chwillkowski, C. (2006). *Medizinisches Koordinationstraining – Verbesserung der Haltungs - und Bewegungskoordination durch Propriozeption* (2.Aufl.). Köln: Deutscher Trainer Verlag.

Häfelinger, U. & Schuba, V. (2007). *Koordinationstherapie – propriozeptives Training* (3.Aufl.).Aachen: Meyer & Meyer.

7 Abbildungs- und Tabellenverzeichnis

7.1 Tabellenverzeichnis